D1746504

O. M. UNGERS

ZWISCHENRÄUME

HATJE CANTZ

WALLRAF-RICHARTZ-MUSEUM,
KÖLN
IAN HAMILTON FINLAY

BADISCHE LANDESBIBLIOTHEK,
KARLSRUHE
GÜNTHER FÖRG
IAN HAMILTON FINLAY
SOL LEWITT
HUBERT KIECOL
PER KIRKEBY
GEORG HEROLD

HYPO-BANK, DÜSSELDORF
SOL LEWITT
GERHARD RICHTER

JOHANNISHAUS, KÖLN
GERHARD MERZ
SIMON UNGERS

RESIDENZ DES DEUTSCHEN
BOTSCHAFTERS, WASHINGTON
GERHARD MERZ
MARKUS LÜPERTZ

CHRISTA NÄHER
SIMON UNGERS
ROSEMARIE TROCKEL

HAMBURGER KUNSTHALLE,
GALERIE DER GEGENWART
IAN HAMILTON FINLAY

FAMILIENGERICHT, BERLIN
SOL LEWITT

BELVEDERESTRASSE, KÖLN
GERHARD RICHTER, DAN FLAVIN,
IAN HAMILTON FINLAY,
BRUCE NAUMAN, GÜNTHER FÖRG,
GERHARD MERZ,
HUBERT KIECOL

KÄMPCHENSWEG, KÖLN
IAN HAMILTON FINLAY
O.M. UNGERS

GLASHÜTTE, EIFEL
O.M. UNGERS UND
BERNHARD KORTE

OO
I
CCII

Zwischenräume. Wenigen nur ist bewußt, daß die Welt der Realitäten und des Denkens, aber auch die Welt der Räume und Körper, die Tektonik, aus Palimpsesten besteht. Gedankliche Räume liegen zwischen den Schichten auf- und übereinander. Banales und Erhabenes, Idee und Natur ergänzen und löschen sich in einem ständigen Prozeß der Überlagerung. Das eine ist in dem anderen eingelagert. Die Kunst liegt in der Architektur und in der Kunst lagern Elemente der Architektur. Schicht für Schicht nähert sich das eine dem anderen. Zwischen den Räumen der Architektur wird die Kunst sichtbar und aus der Kunst entsteht der Raum der Architektur. In den Zwischenräumen amalgamieren die Begriffe und werden ein und dasselbe. Decke, Wand, Boden lösen sich auf und führen durch die Kunst in neue Wirklichkeiten, in illusionistische Welten und Räume. Abstraktionen verschmelzen zu den gleichen Bildern und Systemen. Die Grenzen verlaufen und werden unscharf. Das Fenster wird zum Bild, die Fläche zur abstrakten Komposition und die Monochromie zur Homogenität der Materialien. • Es gab Zeiten, in denen man keinen Unterschied kannte zwischen den gebauten und gezeichneten Räumen, zwischen der Imagination und der Wirklichkeit, zwischen dem Körper, dem Bild und dem Raum. Das Disegno umfaßte die ganzen Räumlichkeiten, Flächen, Ebenen und Körper. Die Trennung erst schuf die Abgrenzung, die Unabhängigkeit, das Objekt an sich ohne Bezug, nur mit sich selbst beschäftigt. Das Einzelobjekt als Ausdruck der Selbstverwirklichung. Die Kunst und die Architektur emanzipierten sich und suchten die Abkapselung, die getrennte Existenz. Das nomadenhafte Zeitalter begann. Darin die Kunst eine vagabundierende Beliebigkeit. Das Palimpsest ist aufgebraucht, die Spuren verschwinden immer mehr. Nichts mehr schimmert von unten durch, bleibt fragmentarisch sichtbar. Keine Spuren zeigen sich mehr auf der reinlich präparierten Plattform. Statt dessen bleibt das unbeschriebene Blatt, eine leere Fläche, ein wegradiertes Loch, eine verschwundene Geschichte, ein hohler Gedanke, eine Auslöschung aller Bezüge und Zusammenhänge. • Seitdem ist die Kunst für sich und unter sich, ein Objekt des beliebigen Handelns, ein jederzeit an jedem Ort verfügbares Produkt. Die Architektur nichts anderes als eine Funktionsmaschine, ein Nutzwerkzeug, beliebig dekorierbar und der Ausschmückung preisgegeben. Die Architektur eine Tragkonstruktion für Applikationen und Arabesken. Die Kunst ein Versatzstück, das architektonische Objekt ein Dekorationskörper, ein reines Konstrukt. • Die Orte sind isoliert, es gibt keine direkten Verbindungen mehr zwischen ihnen, die Zwischenräume bleiben unausgefüllt und werden medial ersetzt. Denken aber spielt sich in den Räumen dazwischen ab, in Vergleichen, in Analogien, im Verbinden und Überlagern. In den Zwischenräumen zwischen Kunst und Technik, zwischen Idee und Realität, zwischen Funktion und Fiktion, zwischen Traum und Wirklichkeit liegt die Welt der Vorstellung, der Hypothesen und Imaginationen. Die Räume der Kunst und des Denkens sind ohne feste Grenzen und Kategorien. Wie das Zwischenhoch zwischen zwei Tiefs, so liegt der schöpferische Gedanke zwischen den Polen der reinen Kunst und der architektonischen Konstruktion. • Das eine aber ist in dem anderen enthalten. Die Reinheit der Gedanken läßt sich nicht ersetzen durch Surrogate, durch schönen Schein und Illusionen. Die gleichen Grundstrukturen bewegen die Kunst und die Architektur. Beiden liegen Systeme zugrunde, die sich in ihren Prinzipien ähneln. Beide enthalten die gleichen Grundmuster. Dem gegenständlichen Bild entsprechen narrative Architekturen, erzählerische Elemente, dem plastischen Körper entspricht die hierarchische Architektur mit Haupt und Gliedern, und die gegenstandslose Welt in der Kunst reflektiert sich in der Reinheit der Formen und Elemente. • Kunst und Architektur haben die gleichen Wurzeln, sind eingeschrieben mit den gleichen Chiffren und Systemen. Sie zu trennen heißt, ihren Wert zu zerstören, sie auszulöschen. Es gibt sie nicht, die ‚Kunst am Bau'-Theorie. Genauso wenig wie die Architektur als reine Technik existiert. Es gibt aber statt dessen den Dialog zwischen Kunst und Architektur, die Entsprechungen und die analogen Bezüge. • Das System der Kunst ist auch das System der Architektur. Exklusivität zerschneidet die Orte und Bezüge und profitiert von der Kurzlebigkeit. Die Verfallzeit der losgelösten Kunst wird stetig kürzer, das Tempo der ständigen Erneuerung immer schneller. Eine Kunst, die sich unablässig neu definiert, verliert allmählich an Inhalt, sie wird obsolet. Erfindungsreichtum, dem Selbstzweck genügend, kann auf die Dauer nicht das Ziel sein — es fehlt der Geist. Immer das gleiche zu tun ist nicht das Gegenteil von rasanter Entwicklungseuphorie und der Ausdruck von Langeweile, sondern von Beständigkeit und Vollkommenheit. • So, wie die Antike Jahrhunderte lang den ikonographischen Wandel verfolgte, so verwandeln die Kunst und die Architektur immer wieder die Thematik von gleichen Inhalten. • Im Prinzip gibt es nichts Neues in der Kunst, aber es gibt unendlich viele Variationen der immer wieder gleichen Konzepte. Sie bewegt sich zwischen verschiedenen Zeiten, Polen und Extremen und sucht den Ausgleich, die Ruhe und die Ordnung der Verhältnisse und Proportionen in der Ausgewogenheit der ästhetischen Werte über Zeiten und Räume hinweg. Es kommt auf den Dialog an in den Zwischenräumen zwischen Kunst und Architektur. • O. M. Ungers

CEZANNE

DÜRER

LOCHNER

REMBRANDT

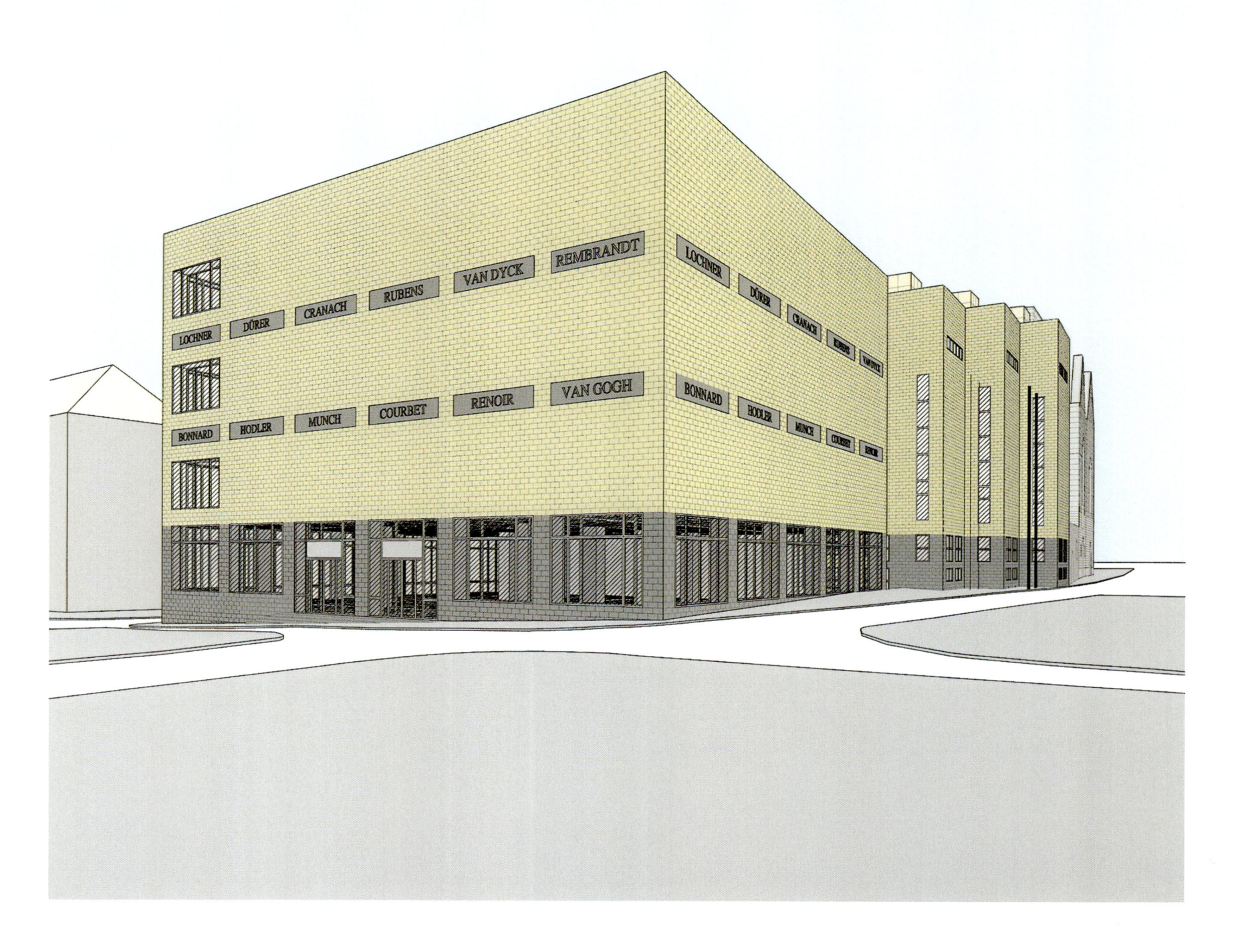

WALLRAF-RICHARTZ-MUSEUM, KÖLN Ian Hamilton Finlay, Fassade 1999/2000

BADISCHE LANDESBIBLIOTHEK, KARLSRUHE Günther Förg, Lesesaal 1991

IAN HAMILTON FINLAY *Bibliotheksfragmente*, Lesesaal 1991

BADISCHE LANDESBIBLIOTHEK, KARLSRUHE SOL LEWITT *2-2 Half Off*, Park 1991

GEORG HEROLD *Mehr Licht*, Park 1991

BADISCHE LANDESBIBLIOTHEK, KARLSRUHE HUBERT KIECOL *Die hohe Treppe*, Park 1991

PER KIRKEBY, Park 1991

HYPO-BANK, DÜSSELDORF SOL LEWITT, Innenhof 1991

SOL LEWITT, Schalterhalle 1991

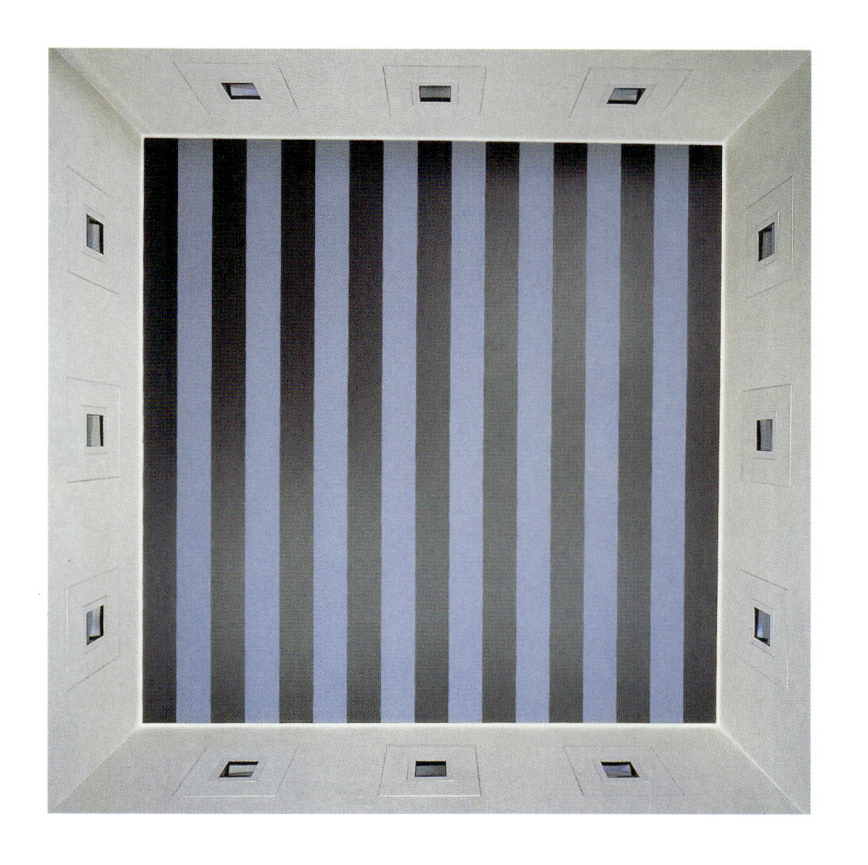

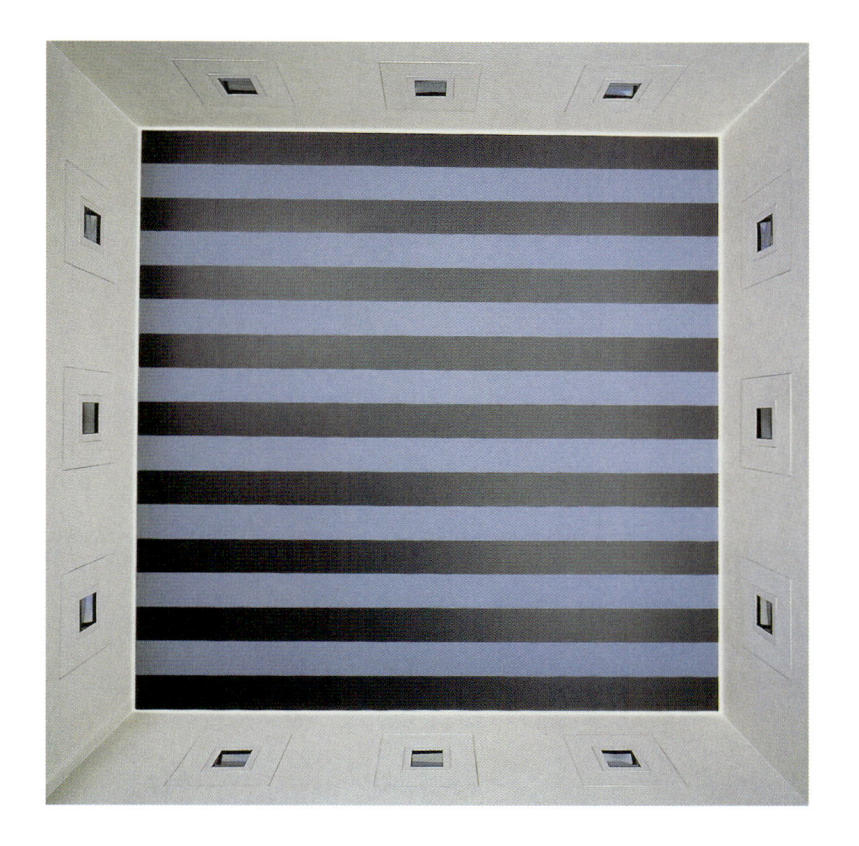

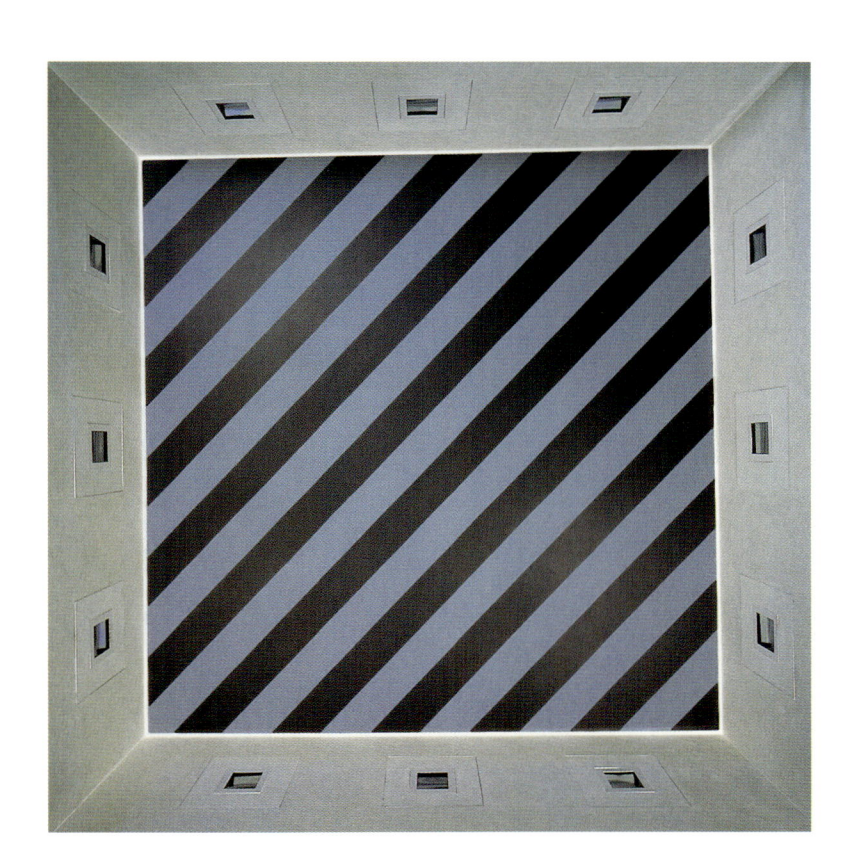

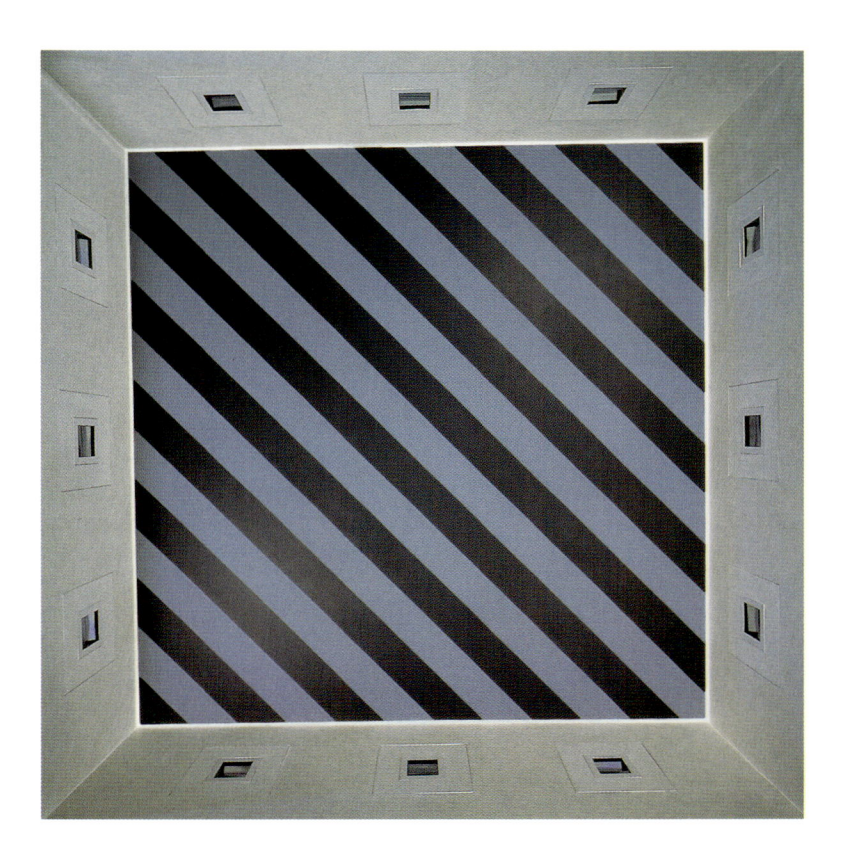

HYPO-BANK, DÜSSELDORF GERHARD RICHTER, Umgang 1991

GERHARD RICHTER, Eingangshalle 1991

JOHANNISHAUS, KÖLN SIMON UNGERS, Innenhof 1994

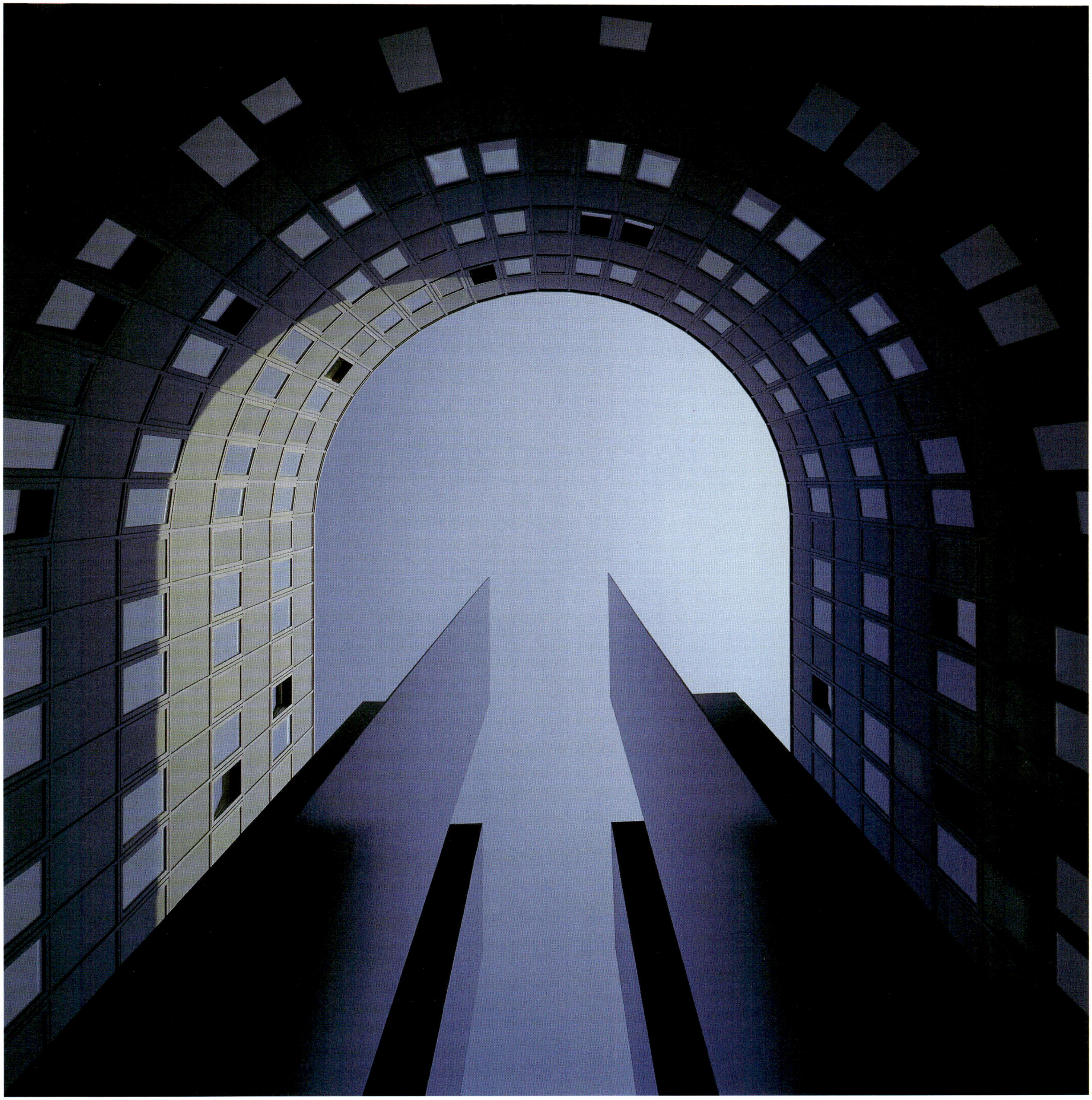

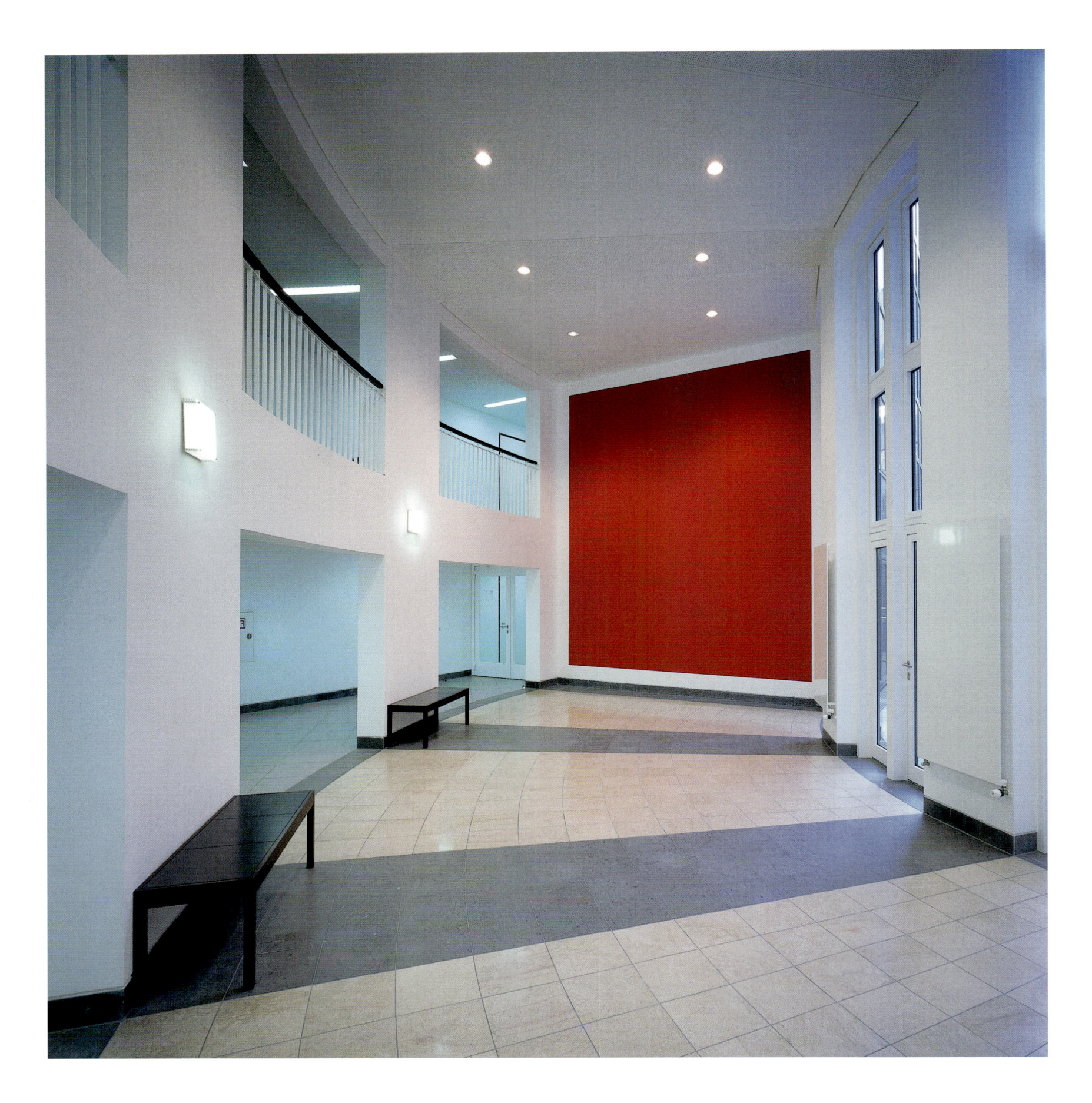

JOHANNISHAUS, KÖLN GERHARD MERZ, Eingangshalle 1994

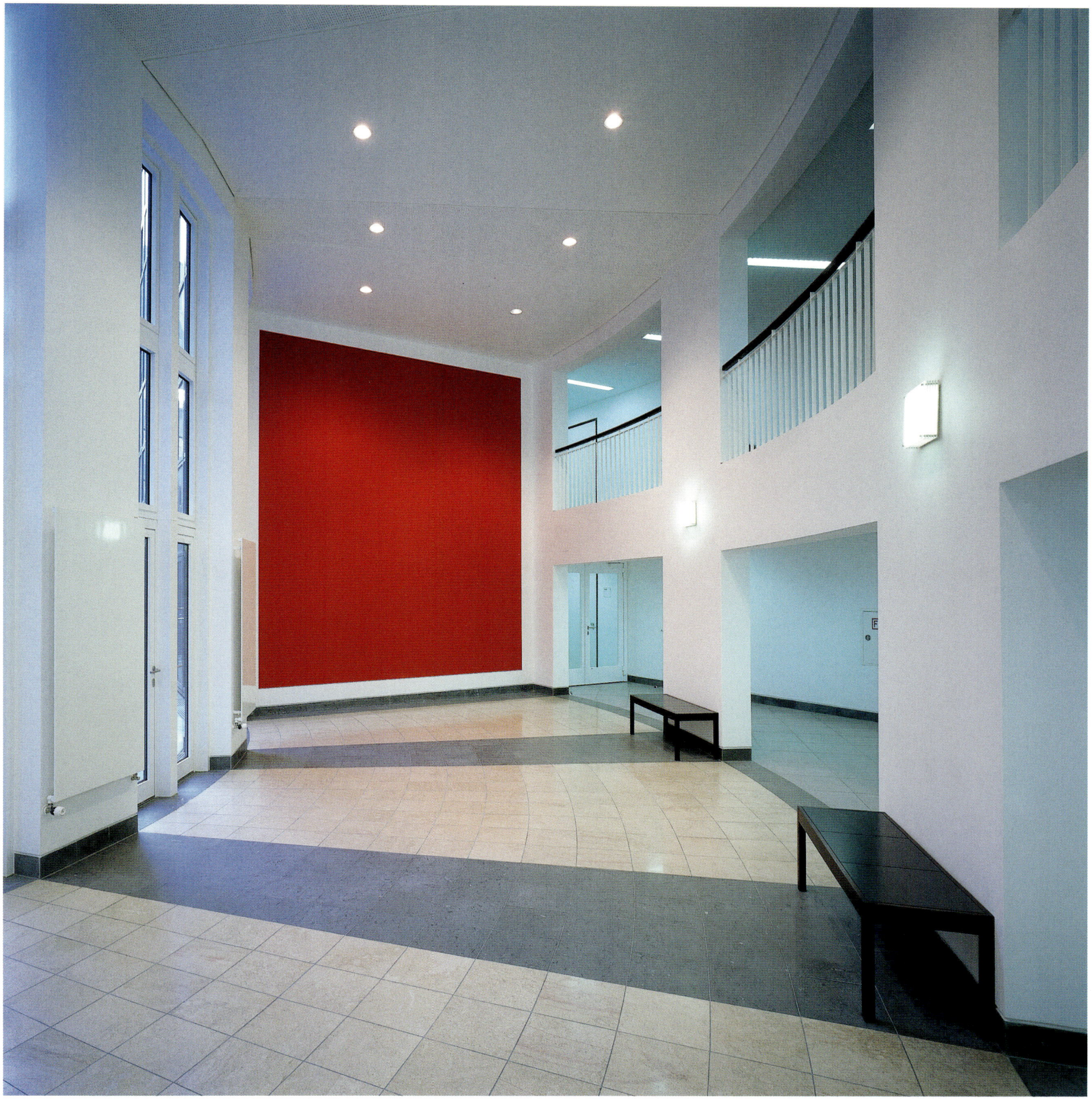

RESIDENZ DES DEUTSCHEN BOTSCHAFTERS, WASHINGTON CHRISTA NÄHER *Die vier Elemente*, Herrenzimmer 1995

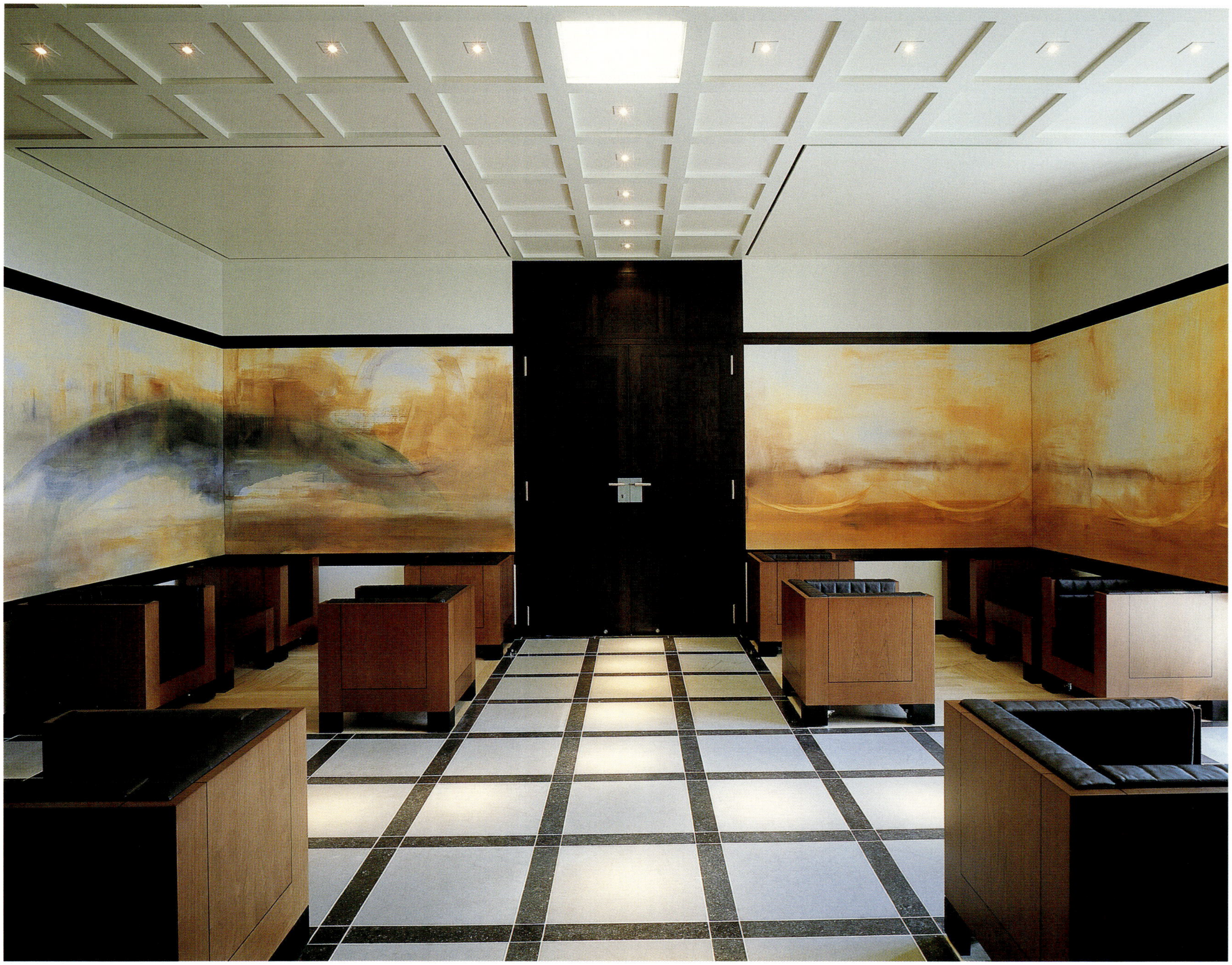

RESIDENZ DES DEUTSCHEN BOTSCHAFTERS, WASHINGTON   MARKUS LÜPERTZ *Parsifal*, Empfangshalle 1995

ROSEMARIE TROCKEL, Damenzimmer 1995

RESIDENZ DES DEUTSCHEN BOTSCHAFTERS, WASHINGTON   SIMON UNGERS *Paravent*, Esszimmer 1994

GERHARD MERZ, Eingangshalle 1994

HAMBURGER KUNSTHALLE, GALERIE DER GEGENWART IAN HAMILTON FINLAY, Plateau 1996

31

FAMILIENGERICHT, BERLIN SOL LEWITT 1995

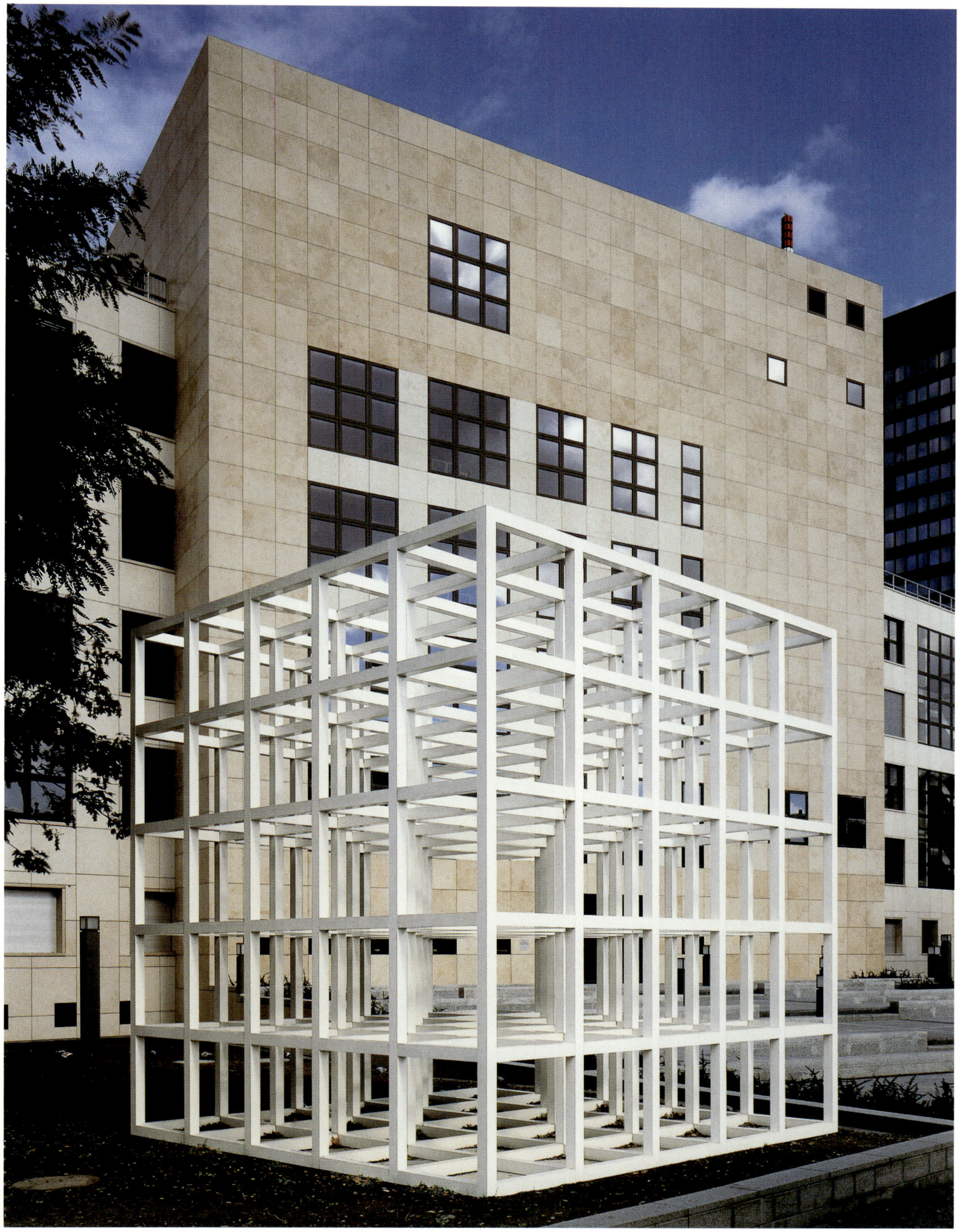

BELVEDERESTRASSE, KÖLN BRUCE NAUMAN, GÜNTHER FÖRG, Innenhof

HUBERT KIECOL *Hohe Treppe*, Quadratherstrasse

BIBLIOTHEK BELVEDERESTRASSE, KÖLN GÜNTHER FÖRG, DAN FLAVIN, GERHARD RICHTER, Umgang

IAN HAMILTON FINLAY *The Twelve who Ruled* und GERHARD MERZ *Eupalinos*

KÄMPCHENSWEG, KÖLN IAN HAMILTON FINLAY *Anagramme* 1994-95

O.M. Ungers *Pythagoräische Proportionsteilung* 1994-95

GLASHÜTTE, UTSCHEID O.M. UNGERS UND BERNHARD KORTE *Naturquadrat* 1986-88

O. M. Ungers und Bernhard Korte *Baumhaus mit Säule*, 1986 - 88

IMPRESSUM

DIESES BUCH ERSCHEINT ANLÄSSLICH DER AUSSTELLUNG

O. M. Ungers - Zwischenräume

8. MAI BIS 20. JULI 1999

NRW - FORUM KULTUR UND WIRTSCHAFT DÜSSELDORF

AUSSTELLUNGSKONZEPT: LISELOTTE UND O.M. UNGERS

REALISATION: BERND GRIMM, SOPHIA UNGERS,

DANE REINACHER, ANJA SIEBER-ALBERS

HERAUSGEBER: ANJA SIEBER-ALBERS, SOPHIA UNGERS

GESTALTUNG: VADIM ZAKHAROV (Pastor Zond Edition)

FOTONACHWEIS: H.G. ESCH, S. 20, 21 • GUIDO GUIDI, S. 40

WERNER HANNAPPEL, S. 30 • EDUARD HUEBER, S. 24, 25, 26, 27, 28, 29

DIETER LEISTNER, S. 10, 11, 15, 19

STEFAN MÜLLER, S. 12, 13, 14, 22, 23, 31, 32, 33, 34, 35, 36, 37, 38, 39, 41

NIC TENWIGENHORN, S. 16, 17, 18

GESAMTHERSTELLUNG

Dr. Cantz'sche Druckerei, Ostfildern-Ruit

© 1999 Hatje Cantz Verlag, Herausgeber, Fotografen und Autor

Erschienen im Hatje Cantz Verlag

Senefelderstr. 12 • 73760 Ostfildern-Ruit

Tel. 0711/44 05 0 • Fax 0711/44 05 220 • Internet: www.hatjecantz.de

ISBN 3-7757-0832-4

Printed in Germany

Buchstabe Umschlag aus Luca Pacioli 'Divina Proportione' 1509

Gefördert durch: Kunststiftung Ehrenhof Düsseldorf | STIFTUNG KUNST UND KULTUR DES LANDES NRW | NRW-Forum Kultur und Wirtschaft Düsseldorf | HypoVereinsbank | JOSEF ROGGENDORF International Fine Art Service